AF247913

AUX

MOBILES TOULOUSAINS

DE BELFORT.

1950

AUX

MOBILES TOULOUSAINS

DE BELFORT.

—

ORAISON FUNÈBRE

PRONONCÉE

PAR M. L'ABBÉ G. ROUQUETTE

Le 18 avril 1871

DANS L'ÉGLISE NOTRE-DAME DE LA DAURADE.

—∘∘⚬⚬∘∘—

EN VENTE

CHEZ TOUS LES LIBRAIRES DE FRANCE

ET CHEZ LE SECRÉTAIRE DE L'AUTEUR

Rue Clémence-Isaure, 7, à Toulouse.

—

1871

Le 18 avril 1871, un service solennel a été célébré dans l'église de la Daurade pour le repos de l'âme des mobiles toulousains morts en défendant la citadelle de Belfort.

Un catafalque somptueux, formé de lumières, de drapeaux et d'armes, s'élevait au bas du sanctuaire. Les mobiles, officiers et soldats, l'entouraient.

Dans l'enceinte réservée on distinguait M. le général de division Pourcet, assisté de MM. Lefebvre-Desnouettes et de Croutte, et M. le comte de Kératry, préfet de la Haute-Garonne; plusieurs officiers supérieurs de l'armée régulière et des mobiles et mobilisés.

La partie intéressante de l'assemblée était

tous ces dignes parents : les pères et les mères, les frères et les sœurs de nos soldats.

La foule était immense, et bien avant l'heure de la cérémonie, toutes les places de la vaste nef et des bas-côtés étaient envahies.

La messe de *Requiem* a été admirablement exécutée par l'élite des principales sociétés chorales de Toulouse.

A l'évangile, M. l'abbé Rouquette a adressé à ce vaste auditoire une oraison funèbre qu'il a bien voulu livrer, dès le jour même, à l'impression, afin qu'elle pût être offerte aux officiers, aux soldats et à leurs familles, en souvenir de cette solennité et des braves qui en sont l'objet.

ORAISON FUNÈBRE.

Juxta fidem defuncti sunt isti.
Ceux-ci sont morts selon ce
qu'ils ont cru.

Mes Frères,

Voici ce qu'on lit au douzième chapitre du se-
cond livre des Machabées :

« Après un combat sanglant soutenu contre les
hordes d'Antiochus, le très-valeureux Judas fit,
parmi ses soldats, une collecte qui fournit douze
mille dragmes d'argent et il envoya cette somme à

Jérusalem, afin qu'elle servît aux frais d'un sacrifice expiatoire pour les péchés des morts.

» Ce guerrier pensait religieusement et bien de la résurrection ; car, s'il n'avait pas eu l'espérance que ceux qui étaient tombés ressusciteraient, il eût regardé comme superflu et inutile de prier pour eux après leur trépas.

» Mais il considérait que ceux qui s'étaient endormis avec religion avaient une grande grâce à attendre.

» C'est donc une pensée sainte et salutaire de prier pour les morts afin qu'ils soient délivrés de leurs péchés. »

Mes frères, à trois mille ans de distance, les nobles âmes fraternisent et les bons cœurs se ressemblent.

Le commandant des mobiles de Belfort est venu, de son propre mouvement et au nom de ses compagnons d'armes, demander en ce temple la célébration du sacrifice expiatoire par excellence, pour leurs frères morts.

Le commandant a sagement pensé et dignement agi, au double point de vue de la religion et de la patrie.

Seulement, sa collecte n'a nullement été nécessaire.

Fidèle aux habitudes de générosité charitable et patriotique qu'on lui connaît, monsieur le curé de la Daurade a gratuitement offert à la mémoire de nos braves la célébration de ce sacrifice.

Pour ma part, je suis heureux et honoré de concourir, par le modeste tribut de ma parole, à l'ornementation intellectuelle de cette cérémonie lugubre et pleine d'émotions.

Mon devoir est tout tracé :

Aux pères, aux mères et aux frères vivants, je veux parler de leurs fils ou de leurs compagnons d'armes morts selon leur foi.

Juxta fidem defuncti sunt. Ils sont morts selon les convictions qu'il avaient à la tête et au cœur. Ils ont scellé de leur sang leur foi religieuse et leur foi patriotique. C'est le plus grand éloge qu'on puisse faire d'un homme, d'un guerrier, d'un Français, d'un chrétien.

Je veux l'appliquer à nos mobiles de Toulouse ; et devant leurs familles qui les pleurent, en présence de la patrie qui les admire et sous les yeux de la religion qui les bénit, je veux raconter :

La conduite qu'ils ont tenue ;

La leçon qu'ils nous donnent ;

L'espérance qu'ils nous laissent.

Soyons vrais comme il sied aux graves enseignements de la mort ; soyons pratiques comme il convient aux plus utiles inspirations de la vie !

I

Dans cette lamentable guerre, depuis plus de
soixante ans préparée par les vaincus d'Iéna, il
semble que tout a dû être improvisé de la part
de la France : les machines et les hommes, les
stratégies et les vivres. On ne s'était enquis que
des héroïsmes, et comme les héroïsmes ne firent
jamais défaut dans les armées françaises, on
comptait sur une victoire assurée ; malheureu-
sement, les héroïsmes ne suffisent pas toujours
contre la force matérielle.

Nous eûmes donc, il faut le reconnaître, d'in-
concevables ignorances sur nos ennemis ; nous
nous fîmes d'étranges illusions sur nous-mêmes.

Aussi, après les premiers revers, revers si inattendus, après... — plusieurs ont dit des hontes inexpliquées, moi je ne veux pas admettre ce mot, car je ne peux pas croire, chez des Français, à la chose qu'il exprime ; — je dis donc après nos premiers revers, quand nos armées régulières, qu'on savait être composées des premiers soldats du monde, furent fatalement captives ou immobilisées, mais, dans tous les cas, impuissantes ,... il fallut distribuer à des recrues improvisées la France envahie ou qui allait bientôt l'être...

Pauvres enfants ! Ils n'avaient connu que la bêche des champs, l'outil de l'atelier, — j'allais presque dire la plume de l'écolier, — quand on leur mit subitement en main le mousquet des batailles.

Il le fallait. Toute raison était dans la nécessité.

On les appela *les mobiles* : c'était le synonyme de la jeunesse et de l'inexpérience. Nos ennemis les dédaignaient, au commencement. Ils se refusèrent à les traiter comme des soldats dans les plaines de la Champagne ; mais ils apprirent depuis, en plus d'un endroit, à les respecter et à les craindre.

Les mobiles de la Haute-Garonne peuvent se vanter de leur avoir inspiré ce double sentiment.

Ils furent distribués à l'armée de la Loire et à l'armée de l'Est. Ils étaient au combat de Beaune-la-Rolande, et partout ils firent honneur à leur pays et à leur drapeau.

La jeune artillerie fut envoyée à la défense de Belfort.

C'était, il vous en souvient, au mois d'octobre dernier. Toute la ville était debout pour les saluer à leur départ.

Les magistrats de la cité leur offrirent ce drapeau, que je vois à côté de l'autel, en leur disant avec un vieux refrain :

> Recevez-le, ce drapeau de l'honneur,
> Gardez-le bien, soyez-lui tous fidèles ;
> Et qu'en vos rangs des palmes immortelles
> Viennent bientôt couronner le vainqueur !

Les mères pleuraient, et les pères les plus fortement trempés n'étaient pas sans inquiétude ; car la France était déjà bien malheureuse.

Dès ce moment, il était évident que la guerre à outrance ne pouvait plus, malgré les énergiques protestations dont l'Europe retentissait, sauver *toutes les pierres de nos forteresses et l'intégrité de notre territoire!*

Je suis de ceux qui croient que cette lutte à outrance a du moins sauvé, aux yeux de l'Europe et au jugement de l'histoire, notre honneur militaire et national, malgré des aberrations individuelles et des abus partiels.

On a bien fait de s'arrêter; mais, comme aux jours de François Ier, l'honneur est sauf; et puisque, à quelques régiments près, la vieille armée a dévoré l'outrage immérité de n'y pouvoir plus rien faire, la gloire principale en revient à nos jeunes légions.

Honneur néanmoins, honneur par excellence à ces magnanimes chefs dont je vois devant moi une noble représentation. Quand ils n'eurent plus de soldats, on leur donna des hommes, et, en quelques mois, ils en firent, malgré tous les obstacles, des guerriers de la défense nationale !

Belfort fut investi par les Prussiens le 3 novembre, et cela dura jusqu'au 16 février.

Cent six jours de combats sans trêve, soixante et treize jours de bombardement continu : Belfort s'est défendu au point d'exciter l'admiration en

des hommes qui semblaient incapables de ce sentiment.

Les Prussiens ont dicté à l'histoire de France le
jugement qu'elle doit porter.

Nos jeunes Toulousains étaient, pendant tout ce
temps, aux postes les plus avancés.

Ils ont couché *pendant quatre mois* dans des casemates sombres et humides, dans la neige et dans
la boue.

La paille même leur manquait.

Mères affectueuses, qui, six mois auparavant,
prépariez leur couche et leur repas, je vous de-
mande pardon de vous meurtrir ainsi en racon-
tant ces souffrances de vos fils ; mais leur courage
est votre gloire.

Insuffisantes contre la rigueur d'un hiver ex-
trême, les casemates l'étaient bien plus contre les
projectiles foudroyants, incendiaires.

Ils fondaient dru sur les hommes et sur les
chevaux, sur les casemates et sur les pièces d'artillerie.

Passe pour les heures du jour : on s'y attendait
sur les remparts, et l'on y répondait. Il tombait
une grêle d'obus : c'était prévu... Mais la nuit,

grand Dieu! la nuit! quel repos et quel sommeil! Plusieurs ne s'en sont plus réveillés : les bombardeurs avaient du goût pour ces atroces surprises.

Vigoureux et forts, comme on l'est de vingt à vingt-cinq ans, nos compatriotes étaient partis au nombre de trois cent soixante et quinze : trente ont succombé sous les feux ennemis ou par suite des fatigues de la guerre.

Quarante environ souffrent encore de leurs blessures plus ou moins graves.

Il y en a trois cents qui m'écoutent, recueillis dans leur fierté, modestes dans leur gloire.

Le commandant est à leur tête, au pied de cet autel et devant ce mausolée, comme sur les remparts.

Je dois une sympathie particulière à ce brave capitaine, qui m'entend et ne nous voit pas. Là où d'autres sont morts, il a perdu la vue! Espérons que le Dieu de Tobie la lui rendra.

Ainsi, ceux qui ont survécu combattirent à l'égal de ceux qui sont morts, en vertu de leurs convictions et de leur foi : *juxta fidem*. La patrie satisfaite leur dit à tous : « Enfants de Toulouse, *je suis contente de vous.* »

Un jour, ils entendirent la voix d'un canon qu'ils reconnurent être celui de la France : non loin de là s'opérait une grande action qui n'était pas dirigée contre eux.

Villersexel leur envoya des échos impatiemment attendus, et un moment ils espérèrent donner la main à leurs libérateurs !

Vain espoir ! le ciel n'avait pas achevé nos épreuves. Les neiges et les glaces arrêtèrent ceux que le plus audacieux projet avait conduits jusque-là.

O magnanime Bourbaki ! la France, attentive, à l'heure de ton dévouement, t'est demeurée sympathique dans tes malheurs !

Ce fut notre dernier désastre.

Et cependant Belfort tenait encore ; et si la résistance eût pu durer ailleurs, Belfort aurait tenu longtemps ; Belfort était imprenable !

Que vouliez qu'il fît contre dix mille, contre cent mille ? qu'il mourût ?...

Oh ! non, c'était impossible ; il s'est rendu à force, mais il est immortel !

On les a laissé sortir avec tous les honneurs de la guerre : moins malheureux que ceux de Metz et de Strasbourg, les canons et les fusils de Belfort ne serviront pas à vomir la mort contre les Français ; le drapeau de la vaillante légion n'ornera pas les panthéons de Berlin : vous l'avez rapporté vierge de toute souillure,

Comme ces vieux drapeaux qui reviennent des guerres
Plus beaux quand ils sont déchirés,

et je le salue à côté de la croix, deux étendards habitués à fraterniser dans l'œuvre souvent renouvelée et toujours incomplète de la rédemption des peuples !

O Belfort ! ton nom signifie : *Belle citadelle*. Tu peux désormais le porter à un titre de plus. Un nouveau fleuron, que le triple génie de Vauban, de Turenne et de Louis XIV ne méconnaîtrait pas, vient d'être ajouté en ces tristes jours à ta couronne de créneaux, par la défense glorieuse à laquelle prirent la principale part les deux batteries de l'artillerie toulousaine.

O Belfort ! les derniers coups de canon ont retenti contre tes murailles : quand tout était fini dans la France ravagée, tu te battais encore.

O Belfort ! ils t'ont voulu excepter de l'armistice

général, et le prix même qu'ils ont attaché à ta reddition, dans des conditions aussi étranges, te confère une gloire incomparable.

Après vingt assauts renouvelés, les ravisseurs n'ont pu te prendre ; et quand tu te fus rendue devant une glorieuse nécessité, la pudeur les empêcha de te garder.

O Belfort ! tu seras désormais et pour toujours, — non, je me trompe, je veux dire *provisoirement*, — car j'allais ajouter : tu seras à toi seule, à toi toute seule, l'*Alsace de la France !*

Tu demeureras, entre la Prusse et nous, comme une muraille qui sépare et qui ne saurait unir ; comme un œil providentiel qui veille sur les passages du Jura et des Vosges.

O Belfort ! tu demeureras comme un lien indestructible entre Mulhouse, Strasbourg, Metz et cette grande mutilée qu'on appelle Paris, entre la vieille Alsace conquise de 1674 et la France malheureuse, violée, de 1871.

II

C'était la page d'hier ; mais la page d'aujourd'hui, qui la racontera ?

Les lamentations de Jérémie, d'Isaïe et de tous les prophètes les plus sévères, semblent écrites pour notre temps :

« La reine des nations est assise dans le deuil, comme une veuve.

» La princesse des provinces est assujétie au tribut étranger ;

» Ses prêtres sont gémissants et ses vierges souillées. »

Les chevaux germaniques mangent l'herbe sur les tombeaux de nos cimetières et l'avoine sur les autels de nos basiliques.

Les débauches les plus sanglantes souillent les foyers déshonorés.

Mon Dieu, mon Dieu! que les anciens prophètes avaient raison, et qu'il est pénible de vivre, pour assister ainsi à la désolation de sa patrie!

Sans doute ils seront bien coupables, au jugement de l'histoire et au jugement de Dieu, ceux qui, pour la satisfaction d'une ambition personnelle ou la vengeance d'un orgueil privé, versèrent tant de flots de sang qu'ils pouvaient épargner. L'héroïsme des victimes n'innocentera jamais la conscience des bourreaux.

Il est ici de mon devoir de n'accuser personne, pas même les coupables.

Mais, si j'ai l'obligation de ne pas transformer l'église en une assemblée politique, j'ai le droit d'amener jusque dans la chaire catholique le spectacle de nos calamités présentes : c'est la majestueuse prédication de Dieu, dont la providence abaisse et élève, fait momentanément prospérer Babylone et, pour la rendre plus grande dans l'avenir, punit pour un temps Jérusalem!

« A l'heure où le canon gronde le temps n'est pas aux longs discours; quand les passions se heurtent la voix de la raison n'a pas grande chance d'être écoutée. »

C'est vrai ; mais là où les vivants se taisent, les morts ont le droit de parler ; à l'heure où les accablements privés condamnent les citoyens au silence, la voix solennelle de la patrie peut retentir.

C'est encore vrai : la patrie de nos jours semble se réfugier dans les tombeaux ; elle trouve, du moins, en ceux qui y descendirent ses véridiques interprètes.

Ainsi, à travers les Vosges, hérissées de piques ennemies, à travers la Lorraine sanglante et la Champagne pillée, le sang de nos frères morts, de nos Toulousains de Belfort, crie après nous : *Sanguis clamat!*

Il crie à Paris, il crie à Versailles, il crie à Marseille, il crie à Toulouse, il crie dans la France, dans l'Europe, dans le monde. Et plaise à Dieu que sa voix n'ébranle pas en vain les échos du ciel, si elle demeurait impuissante à dominer et à calmer les agitations de notre pauvre terre.

Et que nous disent-ils, du haut de ces remparts, calvaire glorieux sur lequel ils ont expiré en sauveurs ; que nous disent-ils, ces magnanimes enfants?

Ecoutons avec respect.

Les mobiles de Toulouse et ceux du dernier village de nos Pyrénées françaises, abandonnant leur clocher et leur mère, leurs fiancées et leurs sœurs, pour s'en aller à Belfort s'ensevelir dans une citadelle inconnue : voilà, pour employer un mot que des fanatiques ont aujourd'hui dénaturé, voilà la *vraie commune*, au service de la mère patrie.

« Gardez, gardez, » nous disent-ils encore, « le sang français pour le verser devant l'ennemi ; peut-être en fûtes-vous trop avares, quand il eût été grand et nécessaire de le répandre sur les redoutes enlevées à vos assiégeants.

» Etait-ce donc pour ouvrir l'ère détestable des discordes civiles que nous avons si chèrement payé la paix avec l'envahisseur ?

» Les épouses et les mères françaises n'ont-elles pas assez pleuré, n'y a-t-il pas assez d'orphelins dans les villages et dans les cités?

» Ah! du moins les nôtres peuvent s'agenouiller avec une noble fierté sur notre tombe. Aucune récrimination, aucun murmure ne fera honte à leur amour! Nous sommes morts comme nous avons cru : *Juxta fidem defuncti sumus.*

» Frères égarés de Paris, que faites-vous?

» Vous noyez, vous étouffez dans le sang cet ordre nouveau que vous prétendez faire vivre.

» Vous vous égorgez sur le sein de votre mère épuisée, haletante, au risque de la faire mourir dans une convulsion suprême!

» Ah! c'est affreux, épouvantable!

» Que les Prussiens l'aient frappée, assassinée sans la vaincre, c'est douloureux, c'est humiliant pour la nation habituée à être l'arbitre de l'Europe; mais, après tout, ces brigands allemands faisaient leur métier; nous les avions d'ailleurs provoqués à sortir de leur repaire.

» La France était si belle que le monde entier en était jaloux. Noble France d'alors, pauvre France d'aujourd'hui !

» Ils ont mutilé les membres extrêmes de ce grand corps militaire, social, national : c'était le droit de la conquête effrayée de ses propres succès et voulant trouver en ces mutilations une assurance contre d'inévitables représailles, une garantie de l'impuissance future de la souveraine violée !

» Mais que vous la frappiez, vous, à la tête et au cœur, que vous arrachiez violemment une partie de ses entrailles, que vous la livriez à la dérision de ceux qui étaient déjà incapables de pitié !

» Ah ! voilà son ignominie maternelle, voilà votre opprobre filial.

» Votre crime est celui de Néron : et la France pourtant n'était pas Agrippine !

» L'Angleterre vous voit, la Russie vous voit, la Prusse vous voit, le monde vous regarde, et bientôt il n'en sera plus assez de la dérision universelle, ce sera le mépris de tous les peuples : *Facta sum in derisum omni populo et ipsi spreverunt me!*

» Voulez-vous que je vous dise quelle sera la dernière lie du calice de cette agonisante, le fiel le plus amer présenté à cette grande crucifiée ?

» Ils la forceront à accepter de ses vainqueurs la brutale pacification de ses propres enfants.

» Ah ! s'il en était ainsi, il ne lui reste plus qu'à se déclarer effacée de la famille des nations : que cet ingrat Paris, qui fut la métropole du monde, lui serve de tombeau, et qu'à la prochaine exposition universelle de toutes nos ruines monumentales, intellectuelles, religieuses, les visiteurs des nations les plus reculées viennent lire sur les débris de la colonne Vendôme réduite en billon, au fronton de l'église Notre-Dame pillée, sur les décombres de l'Arc-de-Triomphe ravagé et de l'Institut anéanti :

« Ci-gît… ci-gît…

> La grande nation, son empire, ses lois.
> Et son éternité qui tombent à la fois! »

Mais non ! une poignée de citoyens ne sont pas la cité ; quelques bataillons de Français égarés ne sont pas la France.

Que ceux qui n'écouteraient pas assez la voix des vivants écoutent au moins la voix des morts.

Ils ne nous trompent pas, ceux qui ont donné leur sang pour l'honneur et pour le devoir, pour le territoire et pour le drapeau, pour la tradition des aïeux qui ne sont plus et pour l'enseignement des fils qui doivent naître, pour la patrie enfin, pour la France !

Je voudrais avoir un auditoire formé de tous les Français capables de s'émouvoir sur le sort de nos jeunes guerriers morts en combattant contre les Prussiens, et qui cependant n'auraient pas horreur de penser qu'on puisse tenir un fusil ou une pierre derrière une barricade. Je leur adresserais le langage de ce chevalier français dont « l'épée, » au dire de l'histoire, « valait une armée, » et ils apprendraient que pour être sans peur, il faut être sans reproche.

Mieux vaut se retourner, en finissant, vers ces honorables enfants, objet de cette solennité, dont le trépas nous afflige, mais dont les vertus nous pénètrent d'espérance pour eux-mêmes malgré leur mort; d'espérance pour la patrie malgré ses calamités, si ce n'est *à cause* de ces calamités mêmes.

Espérance donc; ce sera la page de demain!

III

Pour eux-mêmes, nous allons supplier le Dieu des miséricordes d'introduire leurs âmes dans « le lieu de rafraîchissement, de lumière et de paix, » selon le vœu de l'Eglise, et de réserver à leur corps la résurrection finale et glorieuse (1).

(1) J'ai dû, par égard pour les nombreuses personnes qui ne pouvaient m'entendre dans ce vaste auditoire malgré mon bon vouloir, supprimer presque en entier la troisième partie de mon discours. Je crois devoir la donner ici. Elle est du reste en partie extraite du livre que j'ai publié, il y a deux semaines à peine, sous ce titre : *Consolations aux familles des morts de nos armées françaises et en général à toutes les familles en deuil.*

Il n'y a de ma part qu'un intérêt très-naturel à recommander ce livre aux lecteurs de ce discours,

Double félicité à laquelle vous faites bien de croire, messieurs, à laquelle ils croyaient comme vous et dont leur trépas est en même temps la garantie et la preuve : *Juxta fidem defuncti sunt isti.*

L'immortalité de leur âme !

Ils étaient mus par un principe spirituel qui créait en eux la volonté, la liberté, la force, le courage.

Ils portaient au dedans d'eux-mêmes un sentiment profond , un grand amour qui avait pour objet l'honneur, la justice, le droit, la famille, la patrie, Dieu !

Ils avaient le *désir du bonheur* dans le triomphe de la cause pour laquelle ils se battaient : ce bonheur ils le voulaient réversible à tous ceux qu'ils aimaient.

Animés de ce sentiment et de ces espérances, ils ont combattu merveilleusement avec leur âme aussi bien qu'avec leur corps; celui-ci était le serviteur de la première. Fait de chair et d'os, matériel et tangible, leur corps a pu être frappé par une balle, meurtri par un obus... Mais l'âme spirituelle a échappé à tout heurtement d'un ordre matériel ; aucun instrument de guerre ne l'a pu atteindre.

Chacun de ces valeureux mourants a pu répéter la parole du Christ : « Sachez que personne ne m'enlève mon âme ; je la dépose parce que je veux. »

La liberté est au fond de tous les combats.

Qu'on les appelle donc les *immortels*, quand même aucune voix publique ne parlerait plus d'eux ; car ils le sont. Ils ont continué la tradition des guerriers et la tradition des chrétiens.

Leur trépas et votre piété religieuse et fraternelle est la plus éloquente théodicée en action qui puisse être composée...

Il y a ici la foi, l'espérance et la charité ! C'est une admirable leçon des facultés de l'âme et des attributs de Dieu !

Mères affligées et chrétiennes, je semble vous avoir négligées pendant ce discours ; ne m'en veuillez pas si la mère patrie m'a absorbé : sa douleur immense se compose de toutes vos douleurs. Et vous-même, n'aviez-vous pas dit à vos fils, en les embrassant, au départ :

— *Elle est votre mère avant nous !*

O nouvelles mères de ces nouveaux Machabées, ce sont eux qui vous exhortent désormais à les suivre avec résignation, en regardant avec espérance le ciel où ils vous ont devancés.

J'ai dit encore : la résurrection de leurs corps.

C'est leur corps qui a été mitraillé, canonné, fusillé, quand leur âme les retenait aux remparts, obéissait au commandement, aimait le drapeau, servait la patrie et Dieu !

L'âme et le corps ne faisaient qu'*un*, en ces braves.

Et l'on voudrait que la main qui a chargé et déchargé les armes de l'honneur, que les pieds qui ont exécuté les marches forcées et glorieuses, que la poitrine qui a affronté les balles et qui les a reçues, que les membres enfin qui ont porté ces veines et ce sang fussent à jamais ensevelis dans les décombres, sans qu'aucune compensation les en vînt jamais retirer !!!

C'est impossible !

Nier la résurrection et la félicité future des corps, ce serait accuser la justice de Dieu ou sa puissance ; ce serait nier son existence, car il n'existerait pas si sa justice et sa bonté ne pouvaient atteindre tout ce qui a bien mérité d'elles.

Courage donc, ô parents des braves! Courage, ô vous, leurs compagnons et leurs amis. Courage et espérance.

Les glorieuses mutilations qu'ils ont supportées ne les auraient pas rendus méconnaissables àvotre amour maternel; la décomposition nécessaire qu'ils subissent dans les tombes lointaines ne leur enlèvera pas leur titre d'enfants de Dieu.

Ils ressusciteront, ils ressusciteront!

Espérons pour vos fils, espérons pour la France!

Espérons pour elle une paix dont elle a plus besoin que de la première; la paix avec ses propres enfants, la paix avec elle-même.

Espérons que tous les sacrifices qu'elle a faits ne seront pas perdus!

Espérons qu'elle retrouvera au moins le prix du sang qu'elle a versé, cette grande nation dont on a inhumainement ouvert toutes les veines!

Espérons qu'elle sera retrempée, raffermie, renouvelée, rajeunie, dans ce creuset où elle a tant souffert.

Espérons qu'elle profitera de tout, même de la malice de ses ennemis, qui sont les fléaux de Dieu !

Espérons que, son martyre ayant effacé ses fautes, elle reprendra à la tête des nations une prépondérance dont elle n'usera plus que pour le triomphe de la vérité et le règne de la vertu.

Espérons que l'adversité la ramènera aux autels, à Dieu.

O France, France ! Ils ont dit que c'était ta tombe et moi je soutiens que c'est ton berceau !

Ils t'ont clouée en croix comme le Christ. Ils veulent te jeter au sépulcre comme lui, trahie, mutilée, vaincue ! Et moi je vois d'ici la pierre qui se lève, les sceaux de l'Empire germanique brisés : Je vois tes gardes foudroyés, tes ennemis aux abois... Et je crois entendre une voix répondant aux amis qui venaient s'agenouiller sur ta dépouille : « Qui cherchez-vous ? La Reine des nations n'a fait que passer dans la région des peuples abaissés. Elle est sortie de là glorieuse et triomphante ; elle a vaincu ses vainqueurs !

» O barbares, où est donc votre victoire ?

» O France , France , ils ont dit que c'était ta tombe , et moi je supplie Dieu que ce soit ton berceau ! »

Cette parole consolatrice, c'est l'*ange de l'espérance* qui l'a dit aux Français.

Et cet ange de l'espérance, quel est-il ?

Courageux administrateurs et nobles capitaines, soldats et clergé , c'est vous , c'est moi, c'est tous, qui devons être les rédempteurs de la France, ses réparateurs et ses sauveurs dans l'avenir, car la France n'a pas cessé d'être immortelle !